VINDOBONA
VERLAG SEIT 1946

MARJA NIKMO

WAS MACHST DU ALLES MIT, *mein Engelchen?*

VINDOBONA
VERLAG SEIT 1946

Bibliografische Information
der Deutschen Nationalbibliothek:

Die Deutsche Nationalbibliothek
verzeichnet diese Publikation in
der Deutschen Nationalbibliografie.
Detaillierte bibliografische Daten
sind im Internet über
http://www.d-nb.de abrufbar.

www.vindobonaverlag.com

ISBN 978-3-903574-06-9
Lektorat: Andrea Sprenger
Umschlagfoto:
Altaoosthuizen | Dreamstime.com
Umschlaggestaltung, Layout & Satz:
Vindobona Verlag
Innenabbildungen: Marja Nikmo

Gedruckt in der Europäischen Union
auf umweltfreundlichem, chlor- und
säurefrei gebleichtem Papier.

Vorwort
Danksagung

Ich möchte mich herzlichst bedanken dafür,
dass mir das kostbare Leben geschenkt wurde.
Obwohl es häufig nicht einfach ist und es viele Menschen auf dieser Welt gibt,
die nicht einmal Brot zu essen haben,
eine Ärztin zur Verfügung haben
oder eine Möglichkeit, das Schreiben und das Lesen zu erlernen
und von vielen anderen lebenswichtigen Dingen
nicht einmal träumen können.

Aber das Leben ist überall gegenwärtig und lebendig,
wenn man es nur bewusst wahrhaben will.
Und es ist in einem ständigen Fluss,
wie die Geburt am Anfang des Lebens,
der Tod als das Ende unseres jetzigen Lebens, aber
ohne das eine gibt es das andere nicht und umgekehrt.
Deswegen sollten wir keine Angst
und Sorge um das Leben haben.

Weil das Leben wie ein seltener, schöner Diamant ist,
muss es manchmal mühsam gesucht werden –
mit allen dazugehörigen Risiken.
Aber wenn man es wirklich findet,
leuchtet es in allen wunderschönen Regenbogenfarben im sanften Sonnenlicht auf.

Korfu, 25. 9. 2016

Die Menschheitsentwicklung

Der Mensch hat,
was die Erde ist:
Wasser, Mineralien und Luft,
was die Pflanzen hergeben,
Energie,
was die Tiere besitzen,
Instinkt, Wärme und die Fähigkeit, Fleisch zu fressen.
Der Mensch ist doch etwas mehr ... der?
Eine weitere Entwicklung?
... mit Intelligenz, Fürsorge und Liebe,
alles in einem schönen Gleichgewicht,
falls es optimal läuft...
Ist aber unser jetziger Zustand wirklich so?
... oder haben wir einen anderen Zustand erreicht?

Korfu, 25. 9. 2016–28. 9. 2016

Das kleine Mädchen aus dem Norden

Papa und Mama, ich liebe euch,
wo seid ihr?
Ich liege auf einem Tisch.
Alles ist so grün und sauber.
Um mich herum Leute, die ich nicht kenne.
Um mich herum Geräusche, die bei mir Angst auslösen.
Was ist los mit mir?
Warum bin ich da?
Plötzlich erscheint der Mann in Grün neben mir
und er bewegt eine Lampe.
Plötzlich bin ich weg …

Was ist mit mir geschehen?
Es tut so weh, wenn die Frau in Weiß neben mir
versucht, etwas von meinem Körper herauszuziehen.
Mir laufen die Tränen aus den Augen.
»Du musst jetzt brav sein, sonst kommen deine Eltern dich nicht abholen«,
strömte aus dem Mund dieses Engels.

Wo sind denn meine liebe Mama und mein lieber Papa?
Ich verstehe überhaupt nichts …
Warum muss ich hier sein?
In diesem kalten, weißen Haus mit
unendlich langen Gängen und geschlossenen Glastüren.
Warum sind meine liebe Mama und mein lieber Papa nicht da? Was habe ich denn Schreckliches gemacht?
»Sie müssen arbeiten«, war die Antwort.
»Du musstest operiert werden …«
Eine Operation? Was ist denn das?

Als eine tröstende Belohnung für das schwer Erlebte
schenkten meine Eltern mir eine schöne Puppe,
von mir als Evelina getauft.
Ich hatte riesige Freude daran.
Aber kaum vom Spital zu Hause,
musste die schöne Evelina von mir auch operiert werden.
Als eine grausame Erinnerung der unverständlichen Aggressivität
des kleinen Mädchens?
Ein lebenslängliches Kreuz auf dem schönen Bauch.

Schon sehr jung entschied ich, eine lebensrettende Ärztin zu werden.
Es war ein schöner sonniger Tag.
Wir waren damals zu Besuch bei den Großeltern ...
Seelenalleine war ich in diesem wichtigen Moment,
als mir kristallklar wurde, was ich zutiefst wollte.
Einzig verunsichert, ob ich mein Lebensziel wirklich je erreichen
könnte ...

Nun, weil ich in meinem Blut die unstillbare Sehnsucht nach der
ewigen Freiheit habe ...
Ein Momentchen ...
Sehnsucht nach Freiheit?
Oh, mein lieber Gott,
das war meiner suchenden Seele bisher noch nicht bewusst gewesen.
Warum das bei mir so überlebenswichtig ist ...
die alles beherrschende Sehnsucht nach der ewigen Freiheit in meinem
Leben ...
Weil in meiner frühen Kindheit
die heranwachsende Persönlichkeit

mit dem scharfen Skalpell durchschnitten wurde,
als das kleine Mädchen auf diesem kühlen Operationstisch
hilflos, wie eine verurteilte Gefangene, gefesselt da lag.

Nun, meine Sehnsucht nach Freiheit brachte mich in das
fremde Land,
als ehrgeizige Medizinstudentin in die großen Fabriken der
Pharmaindustrie ...
Ich durfte hilflose Mäuse obduzieren,
mit Hilfe eines scharfen Messers und einer Pinzette
die Bäuche dieser armen Tiere öffnen,
ohne jegliche sinnvolle medizinische Anwendung,
nur rein interessehalber als neugierige Medizinstudentin.
Warum erzähle ich denn so etwas?
Weil von dieser grausamen Zeit
ein farbiges Foto von mir als blutrünstiger Mäusedoktor
existiert.
Mit einem toten Mäuschen auf dem sterilen Tisch ...
Und ein von mir gezeichnetes schwarz-weißes Bild
von diesem Lebewesen,
befestigt mit vier Nadeln an Armen und Beinen,
mit einem vonmit einem scharfen Messer durchschnittenen
Bauch,
offenbarend alle im Bauch befindlichen wichtigen Organe.
Warum habe ich wohl diese grausamen Bilder aufbewahrt?

Als eine praktizierende Hausärztin in einer wohlhabenden
Gemeinde
musste ich leider an mir selber gravierende frauenärztliche
Probleme
erleben ...
Es wurde einiges vorgeschlagen und empfohlen ...
Die Feststellungen des Leidens reichten
bis zu einer Krebsdiagnose.
Nur aufgrund einer reinen Bildgebung,

ohne eine Gewebsentnahme.
Mir wurde auch ernsthaft gedroht,
als ich so weitermache,
würde ich wohl sterben ...
Zum Glück bin ich eine eigenwillige Ärztin,
und zudem habe ich einen kritischen Ehemann,
welcher ebenfalls ein gut ausgebildeter Arzt ist.

Sonst wäre ich, wie viele andere Frauen, schon längst
›ausgeräumt‹
worden,
mit einer lebenslänglichen Hormontherapie behandelt und
stigmatisiert ...
Ausgeräumt heißt: Die Gebärmutter, die Eileiter und die
beiden
Eierstöcke werden operativ entfernt.

Erst beim sechsten Frauenarzt willigte ich endlich
widerwillig
in eine Operation ein.
Und er versprach es mir hoch und heilig zusätzlich,
statt der alten unschönen Narbe auf meinem weiblichen
Bauch
einen neuen Reißverschluss für mich anzufertigen.
Dafür musste ich einen riesigen Haufen Formulare studieren
und mich bereit erklären, mit meiner Unterschrift,
dass ich mir aller Folgen der Operation bewusst bin
und dass ich alle Risiken der Operation zu tragen habe.

Es ist alles erstaunlich gut verlaufen,
jedenfalls gemäß des sprachlosen Austrittberichtes,
welchen ich später namentlich per Post nach Hause erhielt.
»Es ist doch nur ein einfacher Eingriff«,
erläuterte der mächtige Chefarzt einer lebhaften
Frauenklinik

ohne vorherige Untersuchung.
»Und nachher bekommen Sie eine sinnvolle
Hormontherapie«,
sagte er, bestimmt wohlwollend,
ohne jegliche Kenntnisse der persönlichen Situation.

»Sie haben viel geblutet, aber die Gebärmutter ist noch drin«,
begrüßte mich die Narkoseärztin fröhlich,
als ich erstmals wieder bewusst wach wurde.
»Sie sind instabil, d. h. kreislaufmäßig noch nicht auf festem
Boden«,
tröstete mich die Krankenschwester in Ausbildung auf der
Abteilung.

»Wie hoch ist denn mein Hämoglobin-(= Blut-)Gehalt?«
fragte ich verzweifelt mit dem sicheren Gefühl,
dass etwas mit mir nicht in Ordnung ist.
Wenn das Personal schon jetzt Blutentnahmen vornimmt ...
»Ihr Hämoglobin-Wert beträgt 5.6.«
vor der Operation hatte ich aber einen Wert von über 12!
(Die Normalwerte des Hämoglobins bei einer erwachsenen
Frau
liegen zwischen 12 und14.)
Mein lieber Gott, was haben sie denn mit mir gemacht?
Ich hatte mich doch mit meiner Unterschrift
damit einverstanden erklärt,
dass bei einer Blutung,
wohl verstanden bei einer unbeherrschbaren oder
bei einer lebensbedrohlichen Blutung,
meine Gebärmutter entfernt werden darf ...

Und wieso lag ich auf einer normalen Abteilung,
betreut von einer Unerfahrenen?
Falls auf dieser Abteilung die normalerweise geltenden
Richtlinien

befolgt worden wären, wäre ich mit meinem
blutungsbedingten
hypovolämischen Schockzustand auf der Intensivstation
betreut worden
(hypovolämisch = zu wenig Flüssigkeit, zum Beispiel zu
wenig Blut
wegen einer Blutung; Schockzustand = Der Blutdruck und
der Puls
fallen ab und ohne Therapie bedeutet das das Versagen aller
Organe
mit dem Tod als Endzustand.)

Und wieso behaupteten sie, dass ich ein
wasserausschwemmendes
Medikament brauche, wenn ich in diesem Zustand
Flüssigkeit
und Blut dringend
benötigt hätte.

›In diesem Spital werde ich sterben‹, dachte ich traurig.
»Ich will meinen Mann kontaktieren«, sagte ich verzweifelt.
»Es ist etwa drei Uhr morgens«, meinte die Nachtschwester.
»Ich will aber mit meinem Mann sprechen«, insistierte ich.
»Und ich will in ein anderes Spital!«
Danach durfte ich mit meinem Mann telefonieren.
Und danach waren sie bereit, mit mir einen Kompromiss
einzugehen …

Wie konnte ich alles damals durchsetzen?
In einem Schockzustand, in der Nacht, alleine, hilflos,
ohne ganz genaue Kenntnis über meinen Zustand …
»Du hast so eine schwache Stimme«, sagte meine Mutter am
Telefon,
als ich später mit ihr telefonierte.

Der Chefarzt kam auf Visite am Morgen darauf und
riss die Schläuche aus meinem Bauch heraus, so
dass das Blut überall hinspritzte.
Und er sagte stolz:
»Schauen Sie mal das Foto von diesem Myom
(gutartiger Muskelgeschwulst der Gebärmutter),
welches ich bei Ihnen entfernt habe.
Es hat ein Gewicht von etwa zwei Kilo
und Sie brauchen kein Blut.
Es hat ja Prionen drin ...«
(Prionen = gefährliche Eiweiße, die zum Beispiel die
Gehirnfunktion beeinträchtigen können.)

Bei der Austrittsbesprechung mit diesem großartigen Arzt
kam es zu einer griechischen Tragödie ...
Kaum in das Sprechzimmer hereingekommen und
hingesessen,
kritisierte ich ihn scharf, dass er vor der Operation
keine richtige Beurteilung vorgenommen hatte,
dass er während der Operation den Helden gespielt hatte,
dadurch mein Leben aufs Spiel gesetzt hatte,
und dass er mich in diesem kritischen Zustand
allein gelassen hatte ...

Er ist dann davongelaufen, ohne ein einziges Wort zu
sagen ...
Ich fühlte mich so einsam und verletzt.
Es hätte nur ein Wort der Entschuldigung für mich
gereicht ...
Nur ein Wort ... ein einziges Wort ...
Mein lieber Gott,
warum ist es denn so schwer für einen Menschen zu sagen:
›Entschuldigung. Es tut mir so leid.‹

Trotzdem ...
Wie damals, als ich als kleines Kind operiert wurde,
wie auch jetzt im Erwachsenenalter ...
war und werde ich diesen beiden Ärzten,
die mich mit ihrem besten Wissen und Können operiert haben,
dafür dankbar sein,
dass sie mir wieder mein Leben lebenswert zurückgeschenkt haben.

Patientinnen und Patienten berichten davon,
dass bei deren Operationen oder bei großen Schmerzen
ihre Seele ihren Körper verlassen hat und
sie so das ganze Geschehen von außerhalb des Körpers beobachten konnten.
Bei der Vorstellung, dass es bei mir auch so hätte sein können,
kommen mir die Tränen in die Augen, vor allem wenn ich an das
kleine Mädchen auf dem Operationstisch denke.

Mein Vater

65-jährig verstarb mein Vater an einer schweren
neurologischen
Krankheit,
ohne während seiner Erkrankung je Hoffnung auf eine
Heilung oder
auf eine Verbesserung seines Gesundheitszustands gehabt
zu haben.
Er wurde an einem wunderschönen Herbsttag
im Beisein all seiner Lieben begraben.
An dem Tag, als die Sonne warm und leuchtend erschien und
die gelblich verfärbten Birkenblätter das Grab umrahmten,
sind mir die Tränen geflossen und mein Herz hat sich fast
leer
geblutet.

Obwohl er sprachlos gebeten hat,
dass er eine letzte Spritze wünschte …
Ich war ja seine Lieblingstochter gewesen,
hatte ein mehrjähriges Medizinstudium an der Universität
absolviert
und ein schönes Arzt-Diplom erhalten,
sowie schon mehrere Jahre Berufserfahrung in einem
fremden Land.

Meine Mutter musste ansehen, wie er schreckliche Mühe
hatte
zu sprechen, zu trinken, zu essen und zu atmen,
bei klarem Verstand …
Wie grausam und ungerecht das Leben nur sein kann!

Haben wir wirklich einen liebenden und schützenden
Gott???

In dem Land, wo mein lieber Vater leben durfte,
gab es zum Glück kompetente Ärzte und Spitäler,
die jedoch lange nicht wussten,
was mit meinem leidenden Vater los war.
Jahrelang suchte er vergeblich
eine klare Erklärung für seine mühsamen Beschwerden.

Und ich?
Seine Lieblingstochter,
zudem eine ehrgeizige Ärztin,
welche weit weg in einem fremden Land lebte und arbeitete,
als mein Lieblingsvater alleine unter grausamstem
Luftmangel litt ...
Und ich, seine Lieblingstochter, wusste nicht viel davon.

Nachdem ich meinem werten Kollegen in unserem kleinen
Dorf,
wo ich mit meinem Ehemann in einer Doppelarztpraxis seit
Jahren
praktizierte,
mitgeteilt hatte, was meinem lieben Vater passiert ist,
stellte er trocken am Telefon fest:
»Weißt du,
du hast eine 3–5%ige Wahrscheinlichkeit,
das Gleiche zu bekommen wie dein Vater.«

Einige Jahre später suchte mich in meiner Praxis
ein wohlhabender Patient mit einem fortgeschrittenen
Leiden auf.
Er hatte einen langen Leidensweg hinter sich,

hatte schon mehrere kompetente Spezialärzte konsultiert
und sich von diesen vertrauensvoll behandeln lassen.
Trotzdem kam er mit seiner liebenswürdigen Ehefrau zu mir.
Er bestand mehrmals mit überzeugendem Nachdruck darauf,
dass er willentlich, völlig freiwillig und
ohne jegliche Beeinträchtigung seines Geisteszustandes
seinem mühsamen Leiden endlich ein Ende setzen wolle!
Kurz vor Weihnachten, als ich meine Familie
in meinem fernen Heimatland
wieder zum schönsten Fest des Jahres besuchen wollte,
wollte er das realisieren ...
Wunsch-Sterben gemäß des vollen Terminkalenders der
Hausärztin?
Ist eigentlich so etwas in der Schweiz überhaupt gesetzlich
erlaubt?

Mitten in meiner vollen Sprechstunde
klingelte das Notfalltelefon ...
Der pflichtbewusste Bezirksarzt wollte von mir in
bestimmendem
Tonfall wissen,
was eigentlich vorgefallen war.
Darf ich als eine betreuende Ärztin auch etwas bestimmen,
wenn die Menschen sich wunschgemäß töten lassen,
obwohl ich mit meinem Verstand und meiner Seele völlig
überzeugt
diese schwierige Entscheidung mitgetragen habe?
Schon wegen meines lieben Vaters,
der in einem fortschrittlichen Land gelebt hatte,
wo sogar die verletzten Elche nach einem tragischen
Autounfall brutal erschossen werden ...

Viele Jahre später besuchte ich die Ureinwohner Kanadas
und durfte in ihrer Kunst-Galerie eine wertvolle Statue, ein
grünes

Häschen, kaufen.
Leider ist das Häschen zu Hause umgefallen.
Ein kleines Stückchen ist vom Ohr agesplittert.
Ich hatte das Gefühl, ich müsse dieses Stückchen zum Grab meines
Vaters bringen,
was ich auch tat.

An einem schönen herbstlichen Tag, wie bei der Beerdigung meines Vaters,
als die Sonne warm schien
und die gelblich verfärbten Birkenblätter hinuntergefallen waren,
war ich mit meiner Mutter wieder auf dem Grab meines Vaters.
Ich grub tief in das Grab hinein.
Ich legte das Stückchen Ohrläppchen in sein Grab hinein.
Als ich den Friedhof verlassen wollte, drehte ich mich nochmals um.
Ich schaute die strahlende Sonne an.
Und plötzlich ...
Die Sonne verwandelte sich zu einem grün leuchtenden Herz,
welches wie ein Menschenherz geschlagen hat.
Um das Herz bildete sich ein rosa leuchtender Ring.
Ich wusste es plötzlich ...
Die Seele meines Vaters lebt und sie ist glücklich.
Und ich hatte endlich Frieden in meiner eigenen Seele gefunden.

Dezember, 28. 12. 2010

Selbstwertgefühl

Selbstwertgefühl ... tja
Mein Mann spielt Bongos.
Kapverdische Musik,
Cesaria Evora singt.
Draußen ist es weiß,
die Kerzen brennen,
Dezember schon dekoriert.
Was fehlt?
Es ist ruhig.
Es hat Zeit zum Nachdenken.
Zeit für sich selbst.
Egoistisch. Auch für meinen Mann.
Er will wissen, was ich schreibe.
Wir sind geeint und
verbringen die weihnachtlichen Festtage zusammen.
Das Jahr 2010 war ein schwieriges Jahr.
Es ist viel passiert.
Mein Geist wacht auf.
Bin ich in diesem Jahr geistig gewachsen?
Warum sind wir überhaupt hier?
Meine Gedanken wandern von einem zum anderen.
Ich schließe jetzt damit ab.
Ich bin ja keine Schriftstellerin.
Ich kratze nur ein paar Gedanken aufs Papier,
um mein Selbstwertgefühl zu finden.
Vielleicht kann man es nicht finden.
Vielleicht ist es schon da ...
Man muss nur raten ...
Die Augen und die Ohren offenhalten ...
Und man muss es annehmen.

Vielleicht ist es besser zu verstehen,
dass es da ist,
existiert,
geistig,
ohne Kleider.
Oder ohne Mutter und Vater.

Saunageschichte

Eine urchige Finnin sucht in der schokoladensüßen
Schweiz eine
finnische Sauna.
Ich bin ursprünglich eine Finnin aus dem hohen Norden,
von weit hinter den hohen Schweizer Bergen.
Aus dem Land, in dem fast 6 Millionen Menschen leben ...
Dort, wo fast jedes Häuschen und jede Hütte eine eigene
Sauna hat
und abwechselnd das eine oder das andere – als Winter- oder
als Sommerresidenz – bewohnt wird,
mit oder ohne Wasserteich.
Eigentlich eine erstaunliche Leistung der Finnen und
Finninnen ...
Wenn man bedenkt, dass es so wahrscheinlich seit der
Frühzeit des
menschlichen Zusammenlebens ist.
Als das finnische Bruttoinlandsprodukt noch im Keller lag
und in der Zeit, als die Schweizer und Schweizerinnen erst
von ihrer
Schokolade träumten ...
Nun, die traditionsreiche finnische Saunakultur besteht
und bestand
natürlich nicht nur aus aufwendigen Reinigungs- und
Waschritualen
mit Birkenblättern,
sondern war auch, und ist immer noch, ein wichtiges
Begegnungsnest
der Finnen und Finninnen,
was die scheuen Eulen natürlich nicht so gerne
bekanntgeben.
Als ich nun im fremden Land angekommen war, war
die Schweiz

schon mit Schokoladenbergen überfüllt.
Es fehlte mir dann lange die Sicht auf eine wohlige Sauna.
Die Entwicklungsgeschichte brachte mit der Zeit aber eine Linderung.
Sogar die Schweizer und Schweizerinnen, die es bisher gewohnt
waren,
die Wärme mit dem Genuss von Schokolade zu erhalten,
entdeckten, dass eine äußerliche Wärme wie in der Sauna
auch ihre Herzen zum Schmelzen brachte.
Aber ich als Fremde in diesem Land konnte es zuerst einfach nicht
begreifen,
warum man hier in diesem traditionsreichen Land alles vermischte?
Warum wildfremde Männer hier
mit wildfremden Frauen in der schweizerischen Sauna
vermischt wurden.
»Du musst dich halt anpassen«, wurde mir geantwortet.
Ja, aber sogar mein Nachbar, ein Industrieller, vielleicht auch ein
Schokoladenhersteller,
hat Mauern um sich herum ...
Wie ist es dann für mich möglich?
Dann habe ich es begriffen ...
Hier im schweizerischen Kernland wird ja seit Jahrzehnten
Schokolade hergestellt, das ist ihre Tradition.
Das können sie.
Verschiedene Kakaos aus verschiedenen Herkunftsländern werden
gemischt
und es entstehen herrliche Produkte.
Und weil das ihre Tradition ist,
wird diese erfolgreich überall angewendet,
ebenso in der schweizerischen Saunakultur auch.

Aber mein Herz ist nicht aus Schokolade, sondern aus dem
finnischen
Norden.
Und ich hätte es sehr gerne, wenn ich häufiger in eine rein
weibliche
Sauna eintreten dürfte, damit ich mein Herz für meinen
schokoladensüßen Ehemann behalten darf.

Die kleine Geschichte aus Korfu im Sommer 2016

Wie konnte es nur geschehen,
dass sich das kleine Häschen aus dem hohen Norden
in den großen Herren des Südens verliebte?

Es geschah unter dem warmen, sternenreichen Himmel,
als das kleine Häschen
wehrlos und hilflos
dem plötzlichen Angriff des scharfen Messers
des großen Herren
ausgesetzt war.

Das blutige Messer durchschnitt
das zitternde Herz des Mädchen-Häschens
und ohne einen tröstenden Blick
verließ der große Herr das Schlachtfeld ...

Wie konnte das nur geschehen?
Alleine und verlassen
unter dem sternenreichen Himmel,
strömten die süßen Tränen
aus den großen Augen
des Häschens vom hohen Norden.
Sie wandelten sich zu leuchtenden Sternen
unter dem warmen Sternenhimmel
und das zitternde Herz des Mädchens
verblutete langsam und unaufhörlich
in diesem hoffnungslosen Kampf
gegen den Pfeil des Liebesengels.

Eine Katze wird gesucht

Ist eine Frau mit Katzen ein Ersatz für eine Frau mit
Kindern?
Was ist denn eigentlich eine Frau mit Kindern in unserer
modernen
Gesellschaft???
Einen Moment, bitte – Verzeihung ...
Zuerst müssen alle Begriffe klar geregelt und lupenrein
definiert
werden.
Erst dann können die schwierigen Fragen beantwortet
werden.
Also an die Arbeit ...
Eine Frau besitzt die Fähigkeit, Kinder auf die Welt zu
bringen.
Die Maße eines Weibchens betragen normalerweise 172 cm
und 60 kg.
Und die Hälfte der Jungen hätte es gerne natürlich rundlich,
die andere Hälfte mager ...
Nun, was hat das alles mit einem Kätzchen zu tun?
Fahre ich demnach weiter.
Also, ein Katzenjunge ist lebenslänglich zur Kinderlosigkeit
verdammt.
Oder hätte er Lust auf frisch präparierte Eier aus dem
Tiefkühlfach?
Unsere moderne Gesellschaft?
Jetzt wird es ganz schwer ...
Eine katzenlose Frau hat damit keine Mühe,
tagaus, tagein mit dem Wecker pünktlich aufzustehen,
mit Croissant und Kaffee aus dem Automaten zu
frühstücken,
pünktlich, fröhlich und flexibel am Computer zu erscheinen,

alles speditiv und nahtlos mit dem Mobiltelefon zu
erledigen,
Mittagessen aus der Schnellimbissbedienung und
Abendessen aus dem Bioladen mit dem Auto abzuholen.
Uh … es wurde ein bisschen stressig …
Nun können wir aber endlich die am Anfang gestellte Frage
beantworten …
Eine katzenlose Frau in einer modernen Gesellschaft
sucht eben Katzenkinder …

Das Navi, der beste Freund einer Frau

Am frühen Morgen startete ich es,
gerade nachdem der von mir vorbereitete Frühstückstisch von all
meinen Lieben verlassen worden war.
In einem Zustand voller Verwüstung ...
Nach verzweifelten Orientierungsversuchen packte ich es in das Auto
und drückte hoffnungsvoll den Knopf meines noch stillen Navis.
»Fahren Sie geradeaus und wenden Sie dann demnächst nach rechts ... bitte wenden Sie jetzt nach
rechts ... bitten wenden Sie nach rechts ...«
Sich schon so früh am Morgen zu konzentrieren, fällt mir schwer.
Die Nacht war ja außerordentlich unruhig.
Die Kleine konnte wegen der Ohrenschmerzen nicht schlafen.
Und der Größere meckerte, weil Papi vergessen hatte, ihm
den versprochenen Kleber der Fußballer einzukaufen.
Und mein Schätzchen schnarchte genüsslich,
erschöpft nach dem reichlichen Businessdinner.
Ich mache es doch richtig ...
Das Navi hat mich schon auf die Schulstraße gebracht.
Die Kleinen verlassen das Auto eilig mit voller Ausrüstung für den
Schultag.
Und ich fahre weiter Richtung Weingasse.
»Wenden Sie bitte nach rechts und danach
geradeaus«, sagt das Navi mit sanfter Stimme.
Halt!
Die vorletzte Nacht konnte ich halt nicht.
Die letzten Monate waren so voll mit alldem,

Besuche der Schwiegereltern,
Abschlüsse der Schule, Elterngespräche,
Ferienplanungen, der Mann immer auf Flugreisen ...
Und die Tage ...
»Wenden Sie bitte nach rechts, bitte wenden Sie nach rechts, wenden
Sie nach rechts.«
Das Navi macht mich schon gelegentlich verrückt.
Mein Mann auch.
Aber die Hochzeitsnacht vor Jahrzehnten war sehr schön gewesen.
Wir haben nackt im Sand am Strand getobt.
Unter dem warmen Sternenhimmel, voller Hoffnung und Zuversicht ...
›Oh – wann hat das Navi zuletzt gesagt,
dass ich jetzt nach links wenden soll?‹
Ich bin doch in die Seitengasse geraten ...
Muss halt das Navi wieder neu programmieren ...
Der nächstgelegene Supermarkt wartet schon in der Nähe mit verlockenden Angeboten:
Fischstäbli in praktischer Sechser-Packung mit Mayonnaise und als kleines Geschenk
100 g Schokolade mit Erdbeer-Geschmack dazu ...
Als eine vielbeschäftigte Hausfrau hat man es heutzutage ganz
einfach ...
Also sind die Einkäufe schnell erledigt,
einen Knopf des Navis gedrückt, um das Programm fortzusetzen ...
»Fahren Sie jetzt zwei Kilometer weiter geradeaus bis zur Kirchstraße
und dann nach links ...«
Ja, der Mann hat eine steile Karriere absolviert und damit einen
Chefposten erreicht.
Ich wollte auch etwas werden, aber es gab dann einen Unfall in der Ferienzeit.

Und dort auf der Ferieninsel fand ich keine
Notfallapotheke ...
Und wenn man schon anfängt ...
Das Navi bringt mich wieder zum Denken über das
Alltägliche.
Nach dem Besuch der pflegebedürftigen Mutter an der
Kirchgasse
musste das Navi mich noch schnell zur Post und zum
Gemeindehaus
navigieren.
Damit ich dann endlich in aller Ruhe die Heimreise mit
meinem
lieben Navi antreten durfte.
Wozu brauche ich eigentlich mein Navi???
Die Frage tauchte flüchtig in meinem Kopf auf ...
Jeden Tag doch dieselbe Route mit gleicher Zielsetzung und
gleichen
Aufgaben ...
Es dämmerte mir langsam in meinem Kopf ...
»Sie haben Ihr Ziel erreicht. Sie haben es gut gemacht!«
Und endlich spürte ich Zufriedenheit in meinem Herzen.
Dass auch ich etwas Gutes und Wichtiges an dem Tag
erreicht hatte.

Entlastungsprogramm der Ehefrauen

»Geht ihr doch zuerst in die Eheferien«,
schrieb ein Bekannter seinem befreundeten Ehepaar
wohlwollend in seiner E-Mail.
Bei der Frau fängt es sofort zu rattern an ...
Eheferien????
La lal-laa ... Eheferien ...
Die schönen Strände, die Liebe, die Liebe und immer noch
die
Liebe ...
»Du musst deine Ehefrau entlasten, sie ist doch total
überlastet.
Wir können ja die Angelegenheit deiner Ehefrau gemeinsam
bei einem Kaffeekränzli mit dir besprechen.«
Aaaah!!!
Bei einem Kaffeekränzli mit Kuchen
lässt sich schon so eine ernsthafte Angelegenheit regeln ...

Die Entlastung der Ehefrau ist aber nicht etwas,
was nur in der Schweiz wichtig wäre,
sondern in der heutigen Zeit bei vielen Ehepartnern
dringend nötig wäre.
Ich muss wirklich herzhaft lachen.
Wie soll man das bewerkstelligen?
Nun auch auf der Insel Korfu wurde schon darüber
nachgedacht ...
In einem Schlafzimmer, ach ...
Oh, Entschuldigung ...
In einem Doppelzimmer ...
Es hängt an der Wand schon bereits eine Dekoration,
ein Kreuz.
Die Griechen waren immer liebliche und nette Leute.

Sie haben eine uralte Erfahrung in der Liebe und der
erfolgreichen
Ehe ...
Ich frage mich nur, ob Schweizer Ehepaare doch nicht ab und
zu
die Badeferien auf der Insel Korfu verbringen könnten,
um dem Bevölkerungswachstum in unserem so altreichen
Bestand
etwas auf die Sprünge zu helfen.

Das war jetzt eine unverzeihliche Entgleisung und
verdient absolut keinen Respekt mehr ...
Deine Ehefrau muss jetzt endlich entlastet werden!
Wie denn?

Der Ehemann ist ja in der ersten Ferienwoche erschöpft
von allen Strapazen der
anstrengenden Arbeitswelt in unserem harten
Wirtschaftsleben.
Wenn endlich der Hoffnungsschimmer leicht leuchtet
bei eben gerade aufkeimendem klaren Verstand,
hat die Ehefrau Riesenlust endlich richtig shoppen zu
gehen ...
Und das hat der liebe Ehemann nicht so gerne ...
Und er tritt den Rückzug rechtzeitig an.
Vor allem nachdem die Ehefrau ihn total überfordert hat,
nach all dem Suchen des unauffindbaren Schlüssels in der
merkwürdigen Handtasche ...
Aber Eheferien, ja ...
Das traumhafte Abendessen im griechischen Restaurant mit
dem Tanz
der wunderschönen Ehefrau vor allen eingeladenen
Gästen ...

Das Tanzen im gemeinsamen Rhythmus, liebevoll und
sanft ...
Und das Erfüllen des Liebesdurstes unter dem
sternenreichen
Himmel.

Weitere Beobachtungen zum Thema Menschenleben aus der hausärztlichen Praxis

»Er gumpt hinunter«,
schrie die junge Hilfs-Pflegerin,
als sie eilig in das Büro eines Alters- und Pflegeheimes hereinstürmte.
Gerade in dem Moment war ich auch dort
bestellt als Hausärztin
zum Hausbesuch einer Mitbewohnerin.
Die diplomierte Pflegefachfrau,
die gerade die Besprechung
auf dem ersten Stockwerk des Altersheimes mit mir durchführte,
stand sofort auf
und wollte davonrennen.
Vorher schaute sie mich blitzschnell an
und schien nicht zu wissen,
was sie mit mir anfangen soll.
Dannstürmte siewortlos davon.

Schon seit 30 Jahren bin ich als Ärztin
fast ununterbrochen tätig.
In verschiedenen Spitälern und auf verschiedenen Abteilungen
wie auch als Praxis-Vertreterin in vielen Arzt-Praxen
habe ich vielseitige Erfahrungen
in verschiedenen Ländern auf der ganzen Welt gesammelt,
ebenso auch in der Psychiatrie ...

So realisierte ich sofort,
dass dieser Mitbewohner selbstmordgefährdet war
und dass dieses Personal

mit der plötzlich entstandenen Situation
total überfordert war.
Deswegen stürmte ich auch davon
auf das dritte Stockwerk des Altersheimes ...

Dort angekommen begegneten wir
dem Leiter des Heimes,
der mit düsteren Gesichtszügen dastand
und recht hilflos wirkte,
umrahmt von seinem abwartenden Personal.

»Jemand muss zu diesem Mitbewohner«,
sagte ich bestimmt.
»Sonst ist er nicht mehr da.
Und ein anderer muss den Hausarzt anrufen!«
Der zuerst regungslose Leiter des Heimes
schien aufzuwachen
und meinte, dass
er zu dem noch unsichtbaren Mitbewohner
gehen könne ...
Immerhin habe er ja schon die Erfahrung
mit ihm gemacht,
dass sein Gespräch mit ihm
auf ihn beruhigend wirke ...

Zustimmend schickte ich ihn zu dem
Selbstmordgefährdeten,
nachdem ich ihm noch mitgeteilt hatte,
dass so ein Patient in dem Heim
eine Zumutung für das Personal ist.
Immerhin hatte niemand meine Hilfe angefragt,
aber ich dachte,
ich könnte doch eine wertvolle Hilfe
in dieser schwierigen Situation sein.

Es war ja weit und breit kein anderer Arzt sichtbar.
Außerdem glaubte ich zu wissen,
dass unterlassene Hilfeleistung
in der schweizerischen Gesetzgebung strafbar sein könnte.

In großer Sorge um die ganze Situation
begleitete ich die diplomierte Fachfrau
zum Stationszimmer des Stockwerkes,
wo sie sofort mit dem Hausarzt telefonierte.
«Er schien die ganze Situation im Griff zu haben,
weil er der Frauoffenbar
telefonisch die Anweisung gab,
die Dosierung der bisherigen Medikamente zu erhöhen.
Dies setzte die Diplomierte sofort um
und stelle die neue Dosierung aus den bisherigen
Medikamenten des Mitbewohners
bereit.»

Also hatte dieser Mitbewohner schon bekannte psychische
Probleme ...
Wie konnte es denn sein, dass so eine Situation in einem gut
überwachten Heim
entstehen konnte?
Unsichtbare Grenzüberschreitungen?

»Der Hausarzt kommt nicht vorbei«,
teilte die Diplomierte mit, als
ich mich bei ihr erkundigte,
ob der Arzt gedenke,
einen Besuch bei diesem Mitbewohner abzustatten.
Der Leiter war schon zurück
und stellte irritiert fest,
dass er die Selbstmordgefährdung
eines Menschen feststellen könne.

Dass sich der Mitbewohner jetzt,
nachdem er seine erhöhte Dosis eingenommen habe,
beruhigen werde.
Diese Erfahrung habe er als Leiter dieses Heimes
schon mit ihm gemacht.

Außerdem meinte er bissig,
dass die Ärzte vor einer Zwangseinweisung,
einem sogenannten fürsorgerischen Freiheitsentzug,
zurückschrecken würden,
und schaute mich recht böse an.
Und er fuhr weiter ...
Außerdem wisse er als Leiter des Heimes schon,
was zu machen sei,
wenn jemand selbstmordgefährdet sei.
Und jetzt sei es nicht der Fall ...

›So, Frau Doktor‹, dachte ich für mich,
›was machst du eigentlich hier?‹
Alles läuft ja bestens ...
Ich nahm meinen Notfallkoffer mit
und fuhr in meine Arztpraxis zurück.
Wie immer in der Schweiz
muss die Hierarchie hier respektiert werden ...
Also auf Anraten meines Kollegen
schrieben wir mehrfach per E-Mail zuerst den Hausarzt an,
bekamen aber keine Antwort ...
Telefonierten mit dem Heim,
um die Personalien des Mitbewohners zu erhalten,
bekamen aber auch von dort keine Antwort ...
Schrieben den Heimarzt an,
den Präsidenten der Heimkommission,
um die Situation zu schildern,
bekamen aber auch von dort keine Antwort ...

Einen Moment ...
Haben wir jetzt unvorstellbare
und unentschuldbare Grenzüberschreitungen
vorgenommen, um dieses wehrlose Menschenleben zu
schützen???

Nun, wie immer geht es weiter in meinem Leben als
Hausärztin ...
Auf den Leitern der Hierarchie ...
Schrieben wir das Rechtsmedizinische Institut an.
Endlich kam jemand ans Telefon
»Geht es um die Rechnungsstellung?«,
fragte der Arzt freundlich.
»Eigentlich auch schon, aber
vor allem um das Menschenleben«,
stellte ich hocherfreut fest,
dass es doch jemanden auf dieser Welt gibt,
der sich um die Anliegen der kleinen Hausärzte
kümmert.
Nun, wir können nichts machen,
bevor etwas geschehen ist ...
Aber er wolle es doch noch mit seinen
Kollegen vom Institut besprechen.
Und eine Rechnung könne ich ruhig stellen,
mit einem Privattarif!
Und ich solle noch den Kantonsarzt informieren ...

Also kletterten wir weiter hoch hinauf auf der Leiter.
Und schrieben noch den Kantonsarzt an.
Dieses Mal kriegte ich einen höflichen Brief,
wobei mir mitgeteilt wurde,
dass ich keine Rechnung stellen dürfe.

Wieder schrieben wir den Kantonsarzt an
und teilten dem kantonsärztlichen Dienst mit,
dass es uns hier nicht primär um das Geld ginge,
sondern um das Menschenleben.
Und dass gemäß des Rechtmedizinischen Instituts
uns eine Rechnungsstellung erlaubt ist.

Bis zum heutigen Datum erhielten wir keine weiteren Antworten,
Anweisungen oder andere Weisungen,
weder telefonisch, per E-Mail, schriftlich noch eingeschrieben ...

Diesen Fall möchte ich nicht weiter kommentieren ...
Aber ich hoffe sehr,
dass dieses Menschenleben,
welches ich nie persönlich kennenlernen durfte,
nie auf die Idee kommt, die Leiter bis zum Schluss zu klettern ...
Und dann ...
in einem freien Lauf seine leidende Seele
endlich frei und sanft in der tragenden Luft schweben zu lassen.

Beobachtungen aus der hausärztlichen Praxis zum Thema Menschenleben

Wann fängt das menschliche Leben an?
Das Leben an sich oder das Menschliche?
Sind diese Begriffe gleichwertig
und/oder gleichzeitig gerechtfertigt anwendbar?
Und wer und wann hat das Recht zu bestimmen,
ab wann das Leben lebenswert bzw. das menschliche Leben lebenswert
ist?
Wir nennen unsere Gesellschaft ›zivilisiert‹.
Tatsächlich!
Was meinen wir damit im medizinischen Alltag?
Eine ca. 30-jährige Frau aus einem fremden Land,
Mutter von zwei Kindern mit einem Pflegeberuf, suchte mich in
meiner Sprechstunde auf.
Schon ein Kind von ihr hatte am Anfang des Lebens Schwierigkeiten
gehabt,
weil es einen Herzfehler hatte,
welcher von den Spezialisten anfänglich
übersehen worden war.
Ein Herzfehler seit Geburt,
welcher offenbar nicht operativ angegangen werden muss.
Das nennen wir in der Medizin eine Fehlbildung oder,
übersetzt im medizinischen Fachjargon, eine Missbildung.
Nun lebt das Kind weiter munter und niemand käme jetzt auf die
Idee,
diesem Kind mit einer Missbildung das Recht auf Leben abzusprechen.
Nun zu der jetzigen Problematik …

Diese liebe Frau, welche sich bisher so sehr um alle anderen
gekümmert hatte,
sowohl im privaten als auch im beruflichen Leben,
war jetzt am Anfang der Schwangerschaft und verunsichert,
weil sie ein Medikament eingenommen hatte,
welches bei diesem heranwachsenden Kind in der
Gebärmutter
Schädigungen ausgelöst haben könnte.
Nach mehreren Konsultationen in den umliegenden
Spitälern und
sogar in der Universitätsklinik
wurde ihr immer wieder empfohlen,
das Kind abzutreiben.

Ich möchte es nicht so gerne schildern,
aber es wird nie im Fernsehen gezeigt ...
Es ist halt nicht von öffentlichem Interesse,
wie das Abtreibungsmaterial aussieht.
Wie kommen wir dazu?
Es ist ja zuerst meistens ein lebendiges Gewebe
(die Qualität des Gewebes lassen wir jetzt ohne
Berücksichtigung),
welches zerstört wird,
damit es dann aus der Gebärmutter herausbefördert werden
kann.

Selbstverständlich gibt es Abtreibungen, bei denen das
Frucht-Gewebe
schon abgestorben ist.
Wie der Zustand des abgetriebenen Gewebes beurteilt wird,
ist keine 100%ig sichere Angelegenheit.
Bei den Frauen sind Abtreibungen von Kindern
vorgenommen
worden,

die dann doch weitergelebt haben und schlussendlich als gesunde Kinder
auf die Welt gekommen sind.
Da gibt es alle Variationen und Möglichkeiten ...
Das Leben oder das menschliche Leben ist nun mal nicht immer
messbar
und feststellbar, so wie wir es so gerne hätten.

Ich habe übrigens noch nie einen katholischen Priester im Operationssaal gesehen
oder bei einer Frau auf der Abteilung,
die eine Abtreibung hat vornehmen müssen.
Wäre es da nicht besser, allen Frauen doch noch einen Zugang zu einer Verhütungspille zu erlauben?

Vielleicht doch noch unseren Fall weiterbehandeln ...
In dem Moment, als sie schon auf einer frauenärztlichen Abteilung lag
und die Abtreibungszäpfchen sich in ihrer Scheide befanden,
wagte ich es, sie anzurufen.
Ich flehte sie an,
das doch nicht zu tun, weil es doch wichtige Argumente gegen dieses Vorgehen gibt.
Am Nachmittag desselben Tages suchte sie mich in meiner Praxis auf.
Die Medikamente zum Abbruch hatte sie entfernt ...

Nach sorgfältiger Analyse ihrer Schwangerschafts-Situation,
welche unter enormem zeitlichem Druck vorgenommen werden musste,
mit Berücksichtigung aller ihrer bisherigen Medikamente,
erschien es für mich möglich,

dass die Wahrscheinlichkeit, ein gesundes Kind zu gebären,
doch recht hoch war. Deswegen erschien es gerechtfertigt,
dass der weitere Verlauf der Schwangerschaft abgewartet
werden
könnte,
zumal keine Beschränkung der Zeit für eine Abtreibung
bei einer möglichen Missbildung
gemäß der schweizerischen Gesetzgebung vorlag.
Außerdem wäre es für das weitere Leben dieser Frau wichtig
gewesen,
dass sie,
falls das heranwachsende Kind in ihrer Gebärmutter doch
noch
schwere
Missbildungen gezeigt hätte,
diesen tragischen Eingriff auch später besser verarbeitet
hätte.

Auf dieser Welt gibt es unzählige Frauen, die Abtreibungen
vorgenommen haben.
Die Gründe dafür sind viele, unzählige, traurige,
wirtschaftliche,
unüberlegte,
religiöse, nicht religiöse ...
Diese Liste ist lang, endlos und still
und
ohne jeglichen Rechtsprozess.

Mein lieber Gott,
mein Herz bricht schon wieder,
es blutet schwere Tropfen
und mir geht die Luft aus ...
Kann ich wirklich noch weitermachen in meinem Beruf?
Bin ich nicht zu überempfindlich, zu dünnhäutig geworden?

Trotzdem zurück zu diesem Fall ...
Weil ich als Hausärztin auch das Recht habe,
Ferien zu verbringen,
auch um die zeitweise recht hohen Belastungen in einer Doppelarztpraxis
zu vertragen,
musste ich diese Frau alleine lassen in diesem kritischen Moment ...

Als ich zurück aus den Ferien kam,
erhielt ich einen Austrittsbericht von einem Spital,
dass diese Frau doch diesen Eingriff für eine Abtreibung vorgenommen
hatte.
Und dass ich sie zu diesem Eingriff überwiesen hätte ...

Schlussendlich hatte das Kind den Kampf verloren
und ich ebenfalls.
Es hatte ja selber keine Stimme,
trotz der Familienangehörigen,
die sich sehr für das Weiterführen dieser Schwangerschaft eingesetzt hatten.
Immerhin war sie auch eine Angehörige einer fremden Religion
und einer Kultur mit starkemFamilien-Zusammenhalt.

Im Zeitpunkt des Eingriffes waren alle Untersuchungen,
auch die wiederholten Ultraschalluntersuchungen,
unauffällig gewesen ... Auch der bisherige Schwangerschaftsverlauf war unauffällig
gewesen.

Gemäß eines spezialisierten medizinischen Zentrums für
Fragestellungen zu Medikamenten während der
Schwangerschaft,
aufgrund meiner ihnen zugestellten Analysen zu diesem
Fall,
bestand eine circa 80%ige Wahrscheinlichkeit, dass dieses
Kind
gesund auf die Welt hätte geboren werden können ...

Ich gebe zu, eine 20-, sogar bis 30%ige Wahrscheinlichkeit
betrachten
wir in der Medizin als relevant.
Aber das Leben ist immer ein Risiko.
Und auch wenn das Kind gewisse Missbildungen gehabt
hätte,
wäre es doch wahrscheinlich lebensfähig gewesen.
Einiges hätte man ja vielleicht gar nicht korrigieren
müssen ...
So wie auch bei ihrem anderen Kind ...

Aber das Kleine hatte einfach keine Chance auf dieser
Welt ...

Eine Chefärztin äußertesich zu diesem Fall offenbar,
nachdem auch sie meine schriftliche Analyse zu diesem Fall
erhalten
hatte
und nachdem sie die Frau im Schwangerschaftszustand
gesehen hatte:
»In ihrem Fall würde ich sogar den Eingriff persönlich
vornehmen ...«

Oder wie ein anderer Frauenarzt, hochspezialisierter
Fachmann der schwangerschaftsspezifischen
Ultraschalluntersuchungen, schriftlich
festgehalten hat:
»Dieser Frau muss zeitnah dieser Eingriff (= Abtreibung)
erlaubt werden …«

Also muss bzw. darf ich als Hausärztin in Zukunft
entscheiden
über Leben oder Tod?

Die Autorin

Marja Nikmo ist diplomierte Ärztin und Fachärztin für Allgemeine und Innere Medizin. Geboren 1961 in Finnland und aufgewachsen in bescheidenen Verhältnissen als älteste Tochter einer sechsköpfigen Familie heiratete sie nach ihrem Medizinstudium 1987 einen Schweizer Arzt und zog mit ihm in sein Heimatland. Nach verschiedenen Stationen als Assistenzärztin eröffnete sie Ende der Neunzigerjahre eine Gemeinschaftspraxis zusammen mit ihrem Mann.
2016 begann sie damit, ihr Leben als Frau und Ärztin in Geschichten zu erzählen und veröffentlichte ihr erstes Buch. Mitten in einem Leben, das von erfüllender Arbeit und der Leidenschaft fürs Reisen, Tanzen und Kochen geprägt war, verstarb im Jahr 2022 ihr Ehemann. 2023 erschien ihr zweites Werk „Was machst du alles mit, mein Engelchen?".

Der Verlag

VINDOBONA
VERLAG SEIT 1946

ein Verlag mit Geschichte

Bereits seit 1946 steht der Vindobona Verlag im Dienst seiner Bücher und Autoren. Ursprünglich im Bereich periodisch erscheinender Journale tätig, präsentiert sich der Verlag heute als kompetenter Partner für Neuautoren am deutschen, österreichischen und schweizerischen Buchmarkt. Engagement, Verlässlichkeit und Sachverstand – das sind die Grundpfeiler, auf denen der Verlag seit jeher sicher steht.

Sie möchten mit Ihrem Werk das vielseitige Verlagsprogramm bereichern? Der Vindobona Verlag garantiert Ihnen eine professionelle Prüfung Ihres Manuskriptes durch das Lektorat sowie eine zeitnahe Rückmeldung.

Genauere Informationen zum Verlag
finden Sie im Internet unter:

www.vindobonaverlag.com